Ernestine Fittkau

Máscaras, Sombreros y Viseras DE PAPEL

DRAC

CREA CON PATRONES

Índice

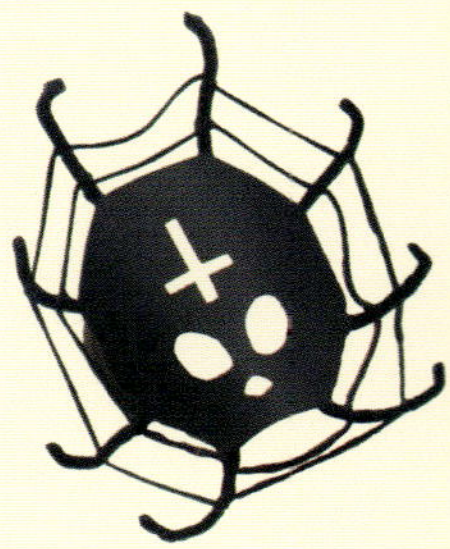

PARA QUE SAQUES EL MAYOR PROVECHO AL CONTENIDO, te encontrarás seguidamente: primero de los materiales y la técnica a utilizar; a continuación en doble página, cada uno de los proyectos, en los que figuran los materiales específicos para cada trabajo, una gran foto en la que aparece el proyecto terminado, las indicaciones de cómo realizarlo de forma sencilla y la referencia del número de patrón que se encuentra encartado en el centro, en el que se explica con toda claridad el seguimiento para crear cada uno de los trabajos.

Divertirse con máscaras, sombreros y viseras

Máscaras, sombreros y viseras tan fáciles de hacer que hasta los más pequeños pueden realizarlas. Y nada más divertido que celebrar animadas fiestas de cumpleaños con "animales salvajes" u otras más tranquilas disfrazándose de flores o jugando a los oficios, como los de cocinero o pintor. En un abrir y cerrar de ojos te puedes imaginar un montón de ideas y poner en práctica interesantes aplicaciones en fiestas al aire libre llenas de diversión, desarrollar la creatividad con lápices y pinceles o hacer juntos una rica pizza o galletitas.

Escalofriantes fiestas de Halloween. ¿A qué niño no le llama la atención embarcarse en una peligrosa travesía por el mar en compañía de cocodrilos y tiburones? Por suerte también pueden salirnos al encuentro peces de colores, un simpático hipopótamo y llegar a buen puerto gracias al faro. Y Robin Hood lleva un alegre sombrero que gusta igual a niños y niñas.

Las divertidas viseras, máscaras y los alegres sombreros no sólo animan las fiestas y son muy fáciles y rápidos de hacer, sino que también son un bonito regalo. Y si este obsequio se combina con una camiseta a juego con el mismo motivo decorativo, una original visera adornada con una mariposa o una mariquita animan a los niños a jugar y desarrollar su imaginación.

¡Espero que os divirtáis haciendo las máscaras y jugando con ellas!

Los materiales

Los papeles
El material básico para la mayoría de las máscaras y sombreros es la cartulina de 130 o de 220 gramos de variados y vivos colores. Las cartulinas estampadas producen un efecto especial, como los diseños que imitan pieles de animales, ya sean éstos salvajes, domésticos o de granja. Las cartulinas estampadas con rayas, cuadros o lunares invitan a crear alegres y divertidas máscaras. Y la cartulina ondulada proporciona un aspecto muy especial a las máscaras, llegando a asemejarse a la piel de algunos animales.

Adornos y complementos decorativos
Los motivos se pueden decorar con rafia natural, cintas de tela satinada, abalorios de madera o plumas de diferentes colores, manojos de ramas, paja o zarcillos de hiedra, pequeños adornos de madera y ojos móviles de plástico. El alambre recubierto de cinta adhesiva y las escobillas para limpiar pipas permiten hacer los brazos de los animales, las antenas de los insectos o los tallos de las flores. Para sujetar las máscaras, viseras y sombreros se necesita hilo o cinta elástica.

Utensilios básicos
El hilo elástico se sujeta con una aguja afilada y grande, y las máscaras se decoran con rotuladores resistentes al agua de color negro de puntas de diferentes grosores.

Cortar y pegar
Para que el trabajo manual sea preciso son necesarias unas tijeras que corten bien y unas tijeras pequeñas y afiladas o un cutter para los cortes interiores. **Atención:** ¡El cutter y las tijeras afiladas no son apropiadas para que las utilicen los niños! Los más pequeños deben utilizar tijeras de puntas redondeadas.
Para unir las piezas de cartulina se puede usar un pegamento universal, o bien un pegamento de alta resistencia. Para fijar los adornos puede utilizarse un adhesivo termofusible (¡Sólo por los adultos!).

CONSEJO

Para hacer cualquiera de los modelos propuestos se necesitarán utensilios y materiales como tijeras, pegamento, una aguja afilada y grande e hilo elástico. Por ello no se vuelven a relacionar explícitamente en los listados de materiales necesarios.

Así se hace

Copiar los modelos
Para copiar las piezas de un modelo se calcan del patrón a un papel transparente. Se pueden pegar las diferentes piezas sobre un cartón de poco grosor o una cartulina y recortar, de esta manera se obtiene una plantilla. O bien, se coloca el papel transparente encima de la cartulina de colores y se calca el modelo repasando los contornos con un lápiz.

Recortar
Se sitúa la plantilla sobre una cartulina ondulada o lisa y se marcan los contornos con un lápiz. A continuación, se recortan las diferentes piezas con unas tijeras, recortando también las líneas trazadas con el lápiz. Los cortes interiores se hacen con unas tijeras pequeñas y puntiagudas o con un cutter. Cuando se solapen dos piezas con recortes interiores (como por ejemplo los modelos Oso polar y Pingüino, de la página 12), después de unirlas con pegamento se deben recortar los contornos interiores para que resulten iguales.

CONSEJO

Cuando se hagan máscaras de varias piezas es conveniente sujetar primero las piezas entre sí con clips para que se equilibre el peso.

Las viseras
Para hacer las viseras, primero se repasan las líneas de pliegue marcadas en el patrón con un objeto puntiagudo, y después se pliegan. Los motivos quedan más estables sujetándolos con rafia, un hilo o una cinta de tela a juego con el color de la visera en la zona del cuello del motivo.

Sujetar las gomas
Una vez se hayan terminado las diferentes máscaras, se sostienen frente a la cara de manera que se pueda mirar a través de ellas. Marcar el punto que va del ojo a la oreja en línea horizontal, hacer un agujerito e introducir en este punto la cinta de goma y anudarla. A continuación, poner la cinta en horizontal por detrás de la máscara, hacer un agujerito en el otro lado y anudar los dos extremos. En el caso de las viseras, hacer los agujeritos en los lugares marcados a tal efecto en los patrones y anudar a ambos lados los extremos del hilo elástico. La visera debe quedar ligeramente curvada sobre la cabeza, sin impedir la visión. La cinta de goma se situará más o menos en medio de la cabeza. Los sombreros se prueban también para, a continuación, fijar el hilo elástico necesario. Las marcas realizadas en los patrones para indicar donde hacer los agujeritos son orientativas, se pueden hacer pruebas para situarlos donde más convenga.

Tiempo de Hallowen

Materiales

Calabaza
- Cartulinas de 220 g de color verde oscuro y naranja
- Cartulina de 130 g de color verde claro
- Rafia natural de unos 60 cm de largo
- Caracol de madera (aglomerado)
- Rotulador negro

Fantasma
- Cartulina de 220 g de color blanco
- Cartulina de 130 g de color verde
- Alambre recubierto de cinta adhesiva de color verde, de 30 cm de largo
- Escobilla de color verde claro para limpiar pipas, de unos 18 cm de largo
- Rotulador negro

Araña
- Cartulinas de 220 g de color negro y naranja
- Escobilla de color negro para limpiar pipas, de unos 25 cm de largo
- Cordón o lana gorda de color negro

Patrones 1-3

Calabaza

Recortar la calabaza, las hojas y los dientes según el patrón 1. Cortar la cara de la calabaza, unir con pegamento las piezas correspondientes a las hojas y pegar los dientes por la parte de atrás. Pintar la calabaza con un rotulador negro y decorarla con un lazo hecho de rafia y el pequeño caracol de madera. Sujetarla con un hilo elástico.

Fantasma

Recortar todas las piezas según el patrón 2. Recortar los ojos, pegar la nariz y decorar la cara del fantasma. Pegar la cabeza al cuerpo, solapando entre medias el pelo verde. Seguidamente, pintar el cuerpo de la araña, pegar seis trozos de 3 cm de escobilla para limpiar pipas para hacer las patitas y pegar la araña al fantasma. Fijar por detrás dos alambres recubiertos de cinta adhesiva de color verde para los brazos y pegar las manos por delante. Sujetar el hilo elástico a la cartulina.

Araña

Cortar la base de la careta, la nariz y los ojos según el patrón 3. Recortar la cruz de color naranja y pegarla a la araña. Pegar por detrás ocho escobillas para limpiar pipas, negras y de 12,5 cm de longitud. Rodear estas patas con los dos cordones negros de 1,20 m de largo, anudar los extremos y cortar el sobrante. Sujetar el hilo elástico.

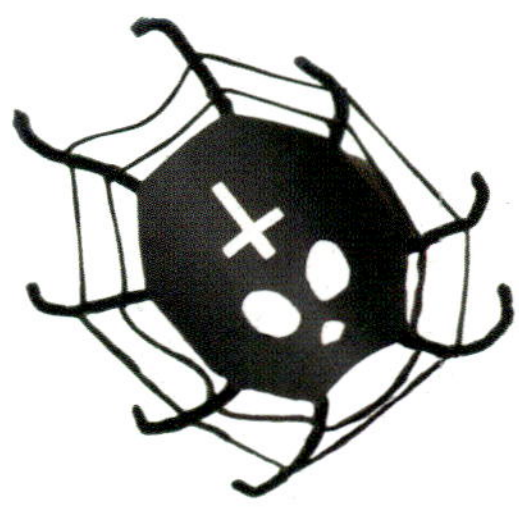

Materiales

Hipopótamo
- Cartulina de 300 g estampada con cuadros de colores azul claro y blanco
- Cartulinas de 220 g de color azul y blanco
- Papel de color azul de 5 cm de ancho y unos 10 cm de largo
- 2 ojos móviles de plástico de 2 cm Ø
- Rafia de color azul
- Rotulador negro

Faro
- Cartulina de 220 g estampada con rayas de color azul y blanco
- Cartulina de 220 g de color azul
- Cartulinas de 130 g de color rojo, amarillo y blanco

Rana
- Cartulinas de 130 g de color verde, blanco y amarillo
- 2 ojos móviles de plástico de 3 cm Ø
- Ranita de madera (aglomerado)
- Rotulador negro

Collar de estrellitas de mar
- Cartulinas de 300 g estampadas con rayas y con lunares de color azul y blanco
- Cartulina de 220 g de color azul
- 6 abalorios de madera de 1 cm Ø
- Hilo elástico

Patrones 4-7

Hipopótamo, Faro, Rana y Estrellitas

Hipopótamo
Unir las diferentes piezas, las mejillas, el morro y los agujeros de la nariz a la base de la visera (ver el patrón 4). Pegar los ojos y pintar el contorno de la boca y las mejillas. Hacer un lazo con el papel azul y la rafia, y pegarlo. Sujetar el hilo elástico.

Faro
Hacer la base con cartulina según el patrón 5. Pegar el faro a rayas por detrás a la visera y doblar hacia arriba. Decorarlo con una ventanita y una señal de aviso de color rojo. Hacer tres barquitos de papel con las cartulinas de menor gramaje (basta con doblar las partes marcadas) y pegarlos a la visera. Sujetar el hilo elástico.

Rana
Recortar la base de la visera (ver el patrón 6). Hacer un nenúfar blanco y amarillo y cortar seis juncos (de unos 15 x 2,5 cm). Pegar los juncos por detrás del nenúfar y la ranita de madera por encima. Dibujar la carita y pegar los ojos móviles y el nenúfar a la visera. Ajustar el hilo elástico a la visera.

Collar de estrellitas de mar
Recortar cinco estrellitas de mar según el patrón 7. Ensartar en hilo elástico alternándolas con los abalorios de madera (pasar el hilo doble).

¿Qué quieres ser de mayor?

Materiales

Cocinero
- Cartulinas de 220 g de color blanco y rojo
- Rafia de color natural
- Cinta a cuadros rojos y blancos de 1 cm de ancho y 40 cm de largo
- Cinta satinada de color rojo de 3 mm de ancho y 20 cm de largo
- Cuchara y rodillo en miniatura de madera
- 2 ojos móviles de plástico de 1,5 cm Ø
- Rotulador negro de punta gorda

Pintor
- Cartulinas de 220 g de color blanco y negro
- Cartulina de 130 g de color rojo
- Papel de periódico
- Pincel de cerdas de unos 15 cm de largo
- Rafia de color natural de unos 30 cm de largo
- 2 ojos móviles de plástico de 7 mm Ø
- Rotulador negro
- Témperas de color rojo y verde

Patrones 8-9

Cocinero

Recortar la base de la visera y el gorro de cartulina blanca, y el bolsillo de cartulina roja, según el patrón 8. Dibujar la cara y decorar el gorro con un rotulador negro. Pegar el bolsillo y los ojos móviles. Extender un poco de pegamento en el borde superior de la cabeza y pegar trocitos de rafia de unos 2 cm para imitar el pelo. Una vez seco el pegamento, recortar el pelo y pegar la gorra encima. Hacer un lazo con la cinta a cuadros y atar en el nudo central la cinta satinada de color rojo, a la que se habrán fijado, uno en cada extremo, los adornos de madera. Fijar uno de los lados del lazo a la visera y el otro al cuello del motivo. Sujetar el hilo elástico.

Pintor

Siguiendo el patrón 9, recortar la base de cartulina blanca, el pelo de cartulina negra y el pañuelo del cuello de cartulina roja. Cortar flecos al pelo y pegarlo. Doblar la cabeza hacia arriba por la línea de pliegue marcada en el patrón. Plegar un sombrero con papel de periódico. Pegar el sombrero, la pañoleta y los ojos móviles, y dibujar la cara. Pintar con la tempera (con pincel o los dedos) lunares verdes y rojos y dejar secar. Sujetar el pincel a la pañoleta y al cuello con rafia, y hacer con ésta una lazada. Ajustar el hilo elástico.

CONSEJO

Esta visera puede servir también de invitación para una "Fiesta de pintores". Escribir el nombre del invitado en el pañuelo del cuello y el texto de la invitación en la parte de atrás de la visera.

Traum in

Oso polar y Pingüino

Materiales

Oso polar
- Cartulina de 300 g estampada con cuadros de colores azul claro y blanco
- Cartulinas de 220 g de color blanco y negro
- Cartulina ondulada unidireccional de color blanco

Pingüino
- Cartulina de 300 g estampada con cuadros de color amarillo y blanco
- Cartulinas de 220 g de color negro y amarillo
- Cartulina de 130 g de color blanco
- Rotulador negro

Patrones 10-11

Realizar la base de la máscara del **Oso polar** con cartulina blanca, y la nariz y el hocico con cartulina negra. Recortar los ojos, el hocico, el interior de las orejas, las piezas de la cartulina ondulada de color blanco y el pez de cartulina estampada siguiendo el patrón 10. Unir todas las piezas con pegamento, situando el pez por detrás del hocico. Sujetar el hilo elástico.

Cortar la base de la máscara del **Pingüino** con cartulina negra y recortar los ojos según el patrón 11. Pegar la cara blanca sobre la base y recortar los contornos interiores de los ojos procurando que queden iguales. Pegar la nariz y el pez amarillo y, por último, pegar el pez de cartulina estampada por detrás del amarillo y pintar la boca. Fijar el hilo elástico.

Safari

Ver la fotografía y los materiales en las páginas 14-15.

Recortar la base de las máscaras de la cebra, del leopardo y del tigre (ver los patrones 12, 13 y 14). Pegar el hocico al tigre, el hocico y la parte interior de las orejas al leopardo, y el hocico y el mehón de pelo de cartulina negra y los agujeros de la nariz de cartulina blanca a la cebra. Recortar los ojos y dibujar las caras. Entrecruzar seis bigotes de rafia de unos 20 cm por debajo del hocico del tigre y pegar el mechón de pelo (12 trozos de rafia de unos 7 cm) por la parte de atrás de la máscara. Insertar tres bigotes de rafia de unos 25 cm por debajo del hocico del leopardo. Pegar por detrás de la cebra el labio inferior de cartulina negra y fijar la paja atada con rafia al hocico. Asegurar el hilo elástico.

Safari

Materiales

Cebra
- Papel que imite la piel de la cebra
- Cartulinas de 220 g de color blanco y negro
- Rafia de color natural
- Manojo de paja de unos 20 cm de largo

Leopardo
- Papel que imite la piel del leopardo
- Cartulina de 220 g de color negro
- Rafia de color natural
- Rotulador negro de punta gorda

Tigre
- Papel que imite la piel del tigre
- Cartulina de 220 g de color negro
- Rafia de color amarillo dorado
- Rotulador negro

Patrones 12-14

Instrucciones: ver página 12.

Robin Hood

Materiales

Sombrero verde
- Cartulina de 220 g de color verde
- 3 plumas de marabú de color verde
- Varias ramas secas
- Seta de madera (aglomerado)

Sombrero amarillo
- Cartulinas de 220 g de color amarillo, verde, verde claro y verde oscuro
- 3 plumas de marabú de color verde
- Alambre recubierto de cinta adhesiva de color verde de 25 cm de largo

Para los dos
- Grapadora
- Cutter

Patrón 15

Siguiendo el patrón 15, recortar la base del **Sombrero verde**. Hacerle un corte con el cutter para la pluma de cartulina y graparla de manera que se solape un poco. Meter la pluma de cartulina en la ranura preparada a tal efecto y fijarla por dentro con pegamento. Sujetar las plumas de marabú, pegar las ramitas y la seta por encima. Fijar el hilo elástico y ajustarlo.

Para realizar el **Sombrero amarillo**, ver también el patrón 15. Pegar dos plumas de marabú por la parte delantera de la pluma de cartulina, sujetando entremedias el alambre recubierto de cinta adhesiva de color verde y doblándolo ligeramente hacia fuera. Pegar otra pluma por detrás. Recortar las flores y repartirlas por el sombrero. Ajustar el hilo elástico y fijarlo.

Materiales

Fresa
- Cartulina de 220 g de color rojo
- Cartulina de 130 g de color verde
- Zarcillo de hiedra
- Fresa de madera (aglomerado)
- Rotulador negro

Limón
- Cartulina de 300 g estampada con cuadros de color verde y blanco
- Cartulinas de 220 g de color amarillo y verde oscuro
- Unas cuantas ramas secas
- Limón de madera (aglomerado)
- Rafia de color natural
- Rotulador negro

Patrones 16-17

Deliciosas frutas

Cortar la **Fresa** y la hoja, y recortar la cara según el patrón 16. Pegar la hoja por delante y unirle la fresa de adorno. Fijar el zarcillo de hiedra por detrás. Pintar la cara y sujetar el hilo elástico.

Hacer la cara y recortar el **Limón** según el patrón 17. Cortar las hojas y pegarlas a la máscara. Con las ramitas se hace un manojo (de unos 10 cm de largo) que se ata con rafia. Pegar primero el manojo de ramas y encima de éste el limón de adorno. Pintar la máscara y sujetar el hilo elástico.

Bichitos del campo

Ver la fotografía y los materiales en las páginas 20-21.

Cortar todas las piezas, recortando los ojos.

Oruga: Pegar los círculos tal como se indica en el patrón 18, equilibrando el peso al hacerlo. Fijar con pegamento un manojito de rafia de unos 10 cm de largo, decorarlo con la manzana de madera y ensartar un abalorio en cada extremo de la lazada de rafia. Pegar la nariz y sujetar el hilo elástico.

Mariposa: Decorar la mariposa con lunares y óvalos verdes (ver el patrón 19). Pegar por detrás las antenas hechas de escobillas para limpiar pipas con un abalorio en los extremos superiores. Fijar el hilo elástico.

Caracol: Ir pegando los círculos de menor a mayor por detrás de la máscara según el patrón 20. Entre la máscara y el círculo pequeño, introducir las antenas, hechas con escobillas para limpiar pipas, a las que se les añade un abalorio en los extremos superiores. Por último, pegar la nariz y un manojito de rafia de unos 8 cm de largo.

Bichitos del campo

Materiales

Oruga

- Cartulina de 300 g estampada con cuadros de color amarillo y blanco
- Cartulinas de 220 g de color amarillo, naranja, rojo y verde
- Rafia de color amarillo
- 2 abalorios de madera de color natural de 0,5 cm Ø
- Manzana de madera (aglomerado)

Mariposa

- Cartulina de 300 g estampada con rayas de color verde y blanco
- Cartulina de 220 g de color azul
- Cartulina de 130 g de color verde
- Escobilla de color azul para limpiar pipas, de 20 cm de largo
- 2 abalorios de madera de color verde de 1 cm Ø

Caracol

- Cartulinas de 300 g estampadas con cuadros y con rayas de color verde y blanco
- Cartulinas de 220 g de color verde y amarillo
- Escobilla de color amarillo para limpiar pipas, de unos 12 cm de largo
- Rafia de color natural
- 2 abalorios de madera de color amarillo de 0,5 cm de diámetro Ø

Patrones 18-20

Instrucciones: ver página 18.

Materiales

Mariquita

- Papel que imite el caparazón de la mariquita
- Cartulina de 220 g de color negro
- 2 ojos móviles de plástico de 1,5 cm Ø
- Cinta satinada de color rojo de 3 mm de ancho y 1 m de largo
- 2 abalorios de madera de color rojo de 1,5 cm Ø
- Etiquetas redondas de color negro de 1,5 cm Ø
- Rotulador negro

Vaca

- Papel que imite la piel de la vaca
- Cartulinas de 220 g de color rojo y blanco
- 1 pequeño cascabel
- Cinta satinada de color rojo de 3 mm de ancho y unos 50 cm de largo
- 2 ojos móviles de plástico de 2 cm Ø
- Rotulador negro

Patrones 21-22

Mariquita y Vaca sonrientes

Mariquita

Recortar la base de la visera, las alas y las antenas. Pegar las alas sobre la base y fijar las antenas y los ojos móviles. Pintar la boca y pegar etiquetas redondas de color negro. Doblar la cabeza hacia arriba por la línea marcada en el patrón 21. Cortar 70 cm de la cinta satinada de color rojo, hacer un lazo y unirlo a otra cinta de unos 30 cm, en la que se ensartará y anudará un abalorio en cada extremo. Pegar el lazo a la visera y sujetar el hilo elástico.

Vaca

Recortar la base de la visera y las piezas de la flor. Pintar con rotulador los contornos del hocico, la boca y las orejas, y pegar los ojos móviles. Doblar la cabeza hacia arriba por la línea marcada en el patrón 22, rodear el cuello con la cinta satinada, ensartar el cascabel y hacer un lazo. Por último, fijar el hilo elástico.

Jirafa y Cocodrilo

Jirafa: Recortar la visera según el patrón 23, pintarle el hocico y pegarle los ojos móviles de plástico. Doblar la cabeza hacia arriba por la línea marcada en el patrón y hacer un lazo con rafia alrededor del cuello. Sujetar el hilo elástico.

Cocodrilo: Recortar la cabeza de cartulina verde, la panza y los dientes de cartulina estampada con cuadros y la cola de cartulina estampada con rayas (ver el patrón 24), y unir todas las piezas con pegamento. Decorar la cabeza pintando las líneas de la boca, los ojos, etc. Pegar los dientes alrededor de la boca y el ojo móvil de plástico utilizando poco pegamento. Ensartar un abalorio en el hilo elástico y anudarlo. Fijar el hilo al otro lado de la misma manera.

Materiales

Jirafa
- Papel que imite la piel de la jirafa
- Rafia de color natural
- 2 ojos móviles de plástico de 1 cm Ø
- Rotulador negro

Cocodrilo
- Cartulina de 300 g estampada con cuadros de color verde y blanco
- Cartulina de 300 g estampada con rayas de color verde y blanco
- Cartulina de 220 g de color verde
- 2 abalorios de madera de color verde de 8 mm Ø
- 1 ojo móvil de plástico de 1,5 cm Ø
- Rotulador negro

Patrones 23-24

Animales del bosque

Ver la fotografía y los materiales en las páginas 26-27.

Siguiendo el patrón 25, recortar la base de la máscara del **Búho** de cartulina de color ocre; las plumas, pupilas y pestañas de cartulina de color amarillo; los círculos de los ojos y las garras de cartulina de color naranja, y las alas y la cara de cartulina estampada. Recortar los ojos y la nariz. Unir las pupilas a los círculos de los ojos, pegar las pestañas. Fijar la cara y pegar las plumas, las alas, el plumaje y las garras, y enfilar el hilo elástico.

Recortar los ojos de la cabeza marrón del **Alce** según el patrón 26. Recortar la cornamenta y la parte interior de las orejas de cartulina estampada con cuadros, y los agujeros de la nariz y el mechón de pelo de cartulina de color ocre. Pegar la cornamenta por detrás de las orejas y fijar las piezas restantes. Dibujar el hocico y pegar el musgo artificial. Fijar el hilo elástico.

Animales del bosque

Materiales

Búho

- Cartulina de 300 g estampada con rayas de color amarillo y blanco
- Cartulinas de 220 g de color ocre, amarillo y naranja
- 2 plumas decorativas de color azul claro

Alce

- Cartulina de 300 g estampada con rayas de color amarillo y blanco
- Cartulina de 220 g de color marrón oscuro y ocre
- Musgo artificial
- Rotulador negro

Patrones 25-26

Instrucciones: ver página 24.

Pez de colores y Tiburón

Materiales

Pez de colores

- Cartulina de 300 g de colores degradados en los tonos del arco iris
- 1 ojo móvil de plástico de 2 cm Ø
- Grapadora
- Rotulador negro

Tiburón

- Cartulinas de 220 g de color azul, gris y de los colores degradados en los tonos del arco iris
- 2 ojos móviles de plástico ovales de 2 cm Ø
- Rotulador negro
- Grapadora

Patrones 27-28

Pez de colores

Recortar la base y once escamas siguiendo el patrón 27. Para hacer la cinta, cortar una tira de unos 3,5 x 55 cm de cartulina de 300 g de colores degradados en los tonos del arco iris, ajustar al tamaño de la cabeza del niño y grapar. Pintar la boca y pegar los ojos móviles y las escamas. Pegar el pez a la cinta de cartulina de manera que la cara del niño quede despejada.

Tiburón

Cortar el sombrero y grapar en el lugar marcado en el patrón 28. Recortar la cabeza, la cola y la aleta de la espalda y pegar por detrás la aleta a la cabeza. Recortar el morro y los dientes grises y pegarlos delante. Pegar el fondo de los ojos y encima los ojos móviles. Dibujar la cara y pegar la cabeza encima. Enfilar el hilo elástico.

CONSEJO

Antes de pegar el pez a la cinta de cartulina, sujetarlo con un clip y probar cómo resulta. De esta manera se ajustará mejor.

Girasol, Tulipán y Pensamiento

Materiales

Girasol
- Cartulinas de 220 g de color amarillo y marrón
- Cartulinas de 130 g de color verde claro y oscuro
- 2 abalorios de color amarillo oscuro de 1 cm Ø
- Rafia de color amarillo dorado

Tulipán
- Cartulinas de 220 g de color verde claro y oscuro
- Cartulina de 130 g de color rojo
- Pajarito verde de madera (aglomerado)

Pensamiento
- Cartulina de 220 g de color azul
- Cartulina de 130 g de color verde
- Alambre recubierto de cinta adhesiva de color verde, de 35 cm de largo

Patrones 29-31

Girasol: Cortar el círculo central marrón, la corona de pétalos amarillos y las hojas verdes siguiendo el patrón 29. Recortar los ojos, la nariz y la boca. Pegar el círculo sobre la corona y encima las hojas verdes. Atar un manojo de rafia de unos 10 cm de largo y fijar a las hojas. Ensartar unos abalorios en la rafia y anudar los extremos. Asegurar el hilo elástico.

Tulipán: Recortar dos flores de tulipán (ver el patrón 30) y pegar una encima de otra solapándolas. Fijar el pajarito de madera entre las dos flores. Recortar un cáliz de la flor de color verde claro y otro de color verde oscuro; pegarlos uno a otro solapándalos y después pegar ambos a la flor por detrás. Fijar las puntas de las hojas de color verde oscuro a la flor. Sujetar el hilo elástico.

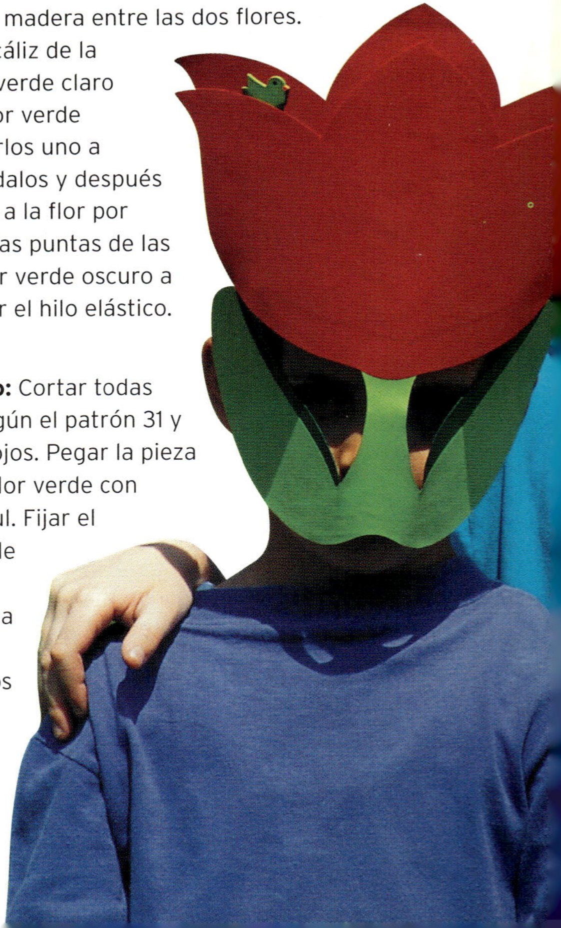

Pensamiento: Cortar todas las piezas según el patrón 31 y recortar los ojos. Pegar la pieza central de color verde con la "nariz" azul. Fijar el alambre desde atrás, doblar dándole forma de tallo y pegar a ambos lados una hoja verde. Sujetar el hilo elástico.

TÍTULOS PUBLICADOS

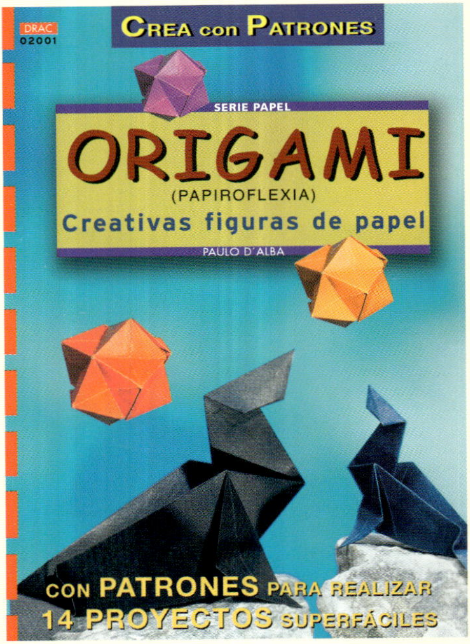

Referencia 02001

Referencia 02002

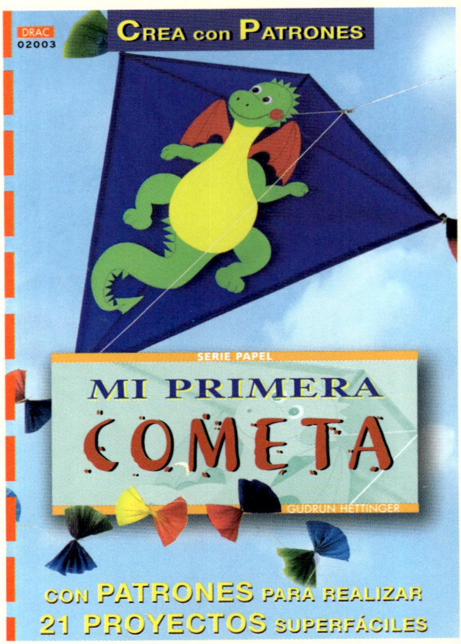

Referencia 02003